Mes émotions

LE CALME

Un livre de la collection
Les racines de Crabtree

AMY CULLIFORD

I0811322

CRABTREE
Publishing Company
www.crabtreebooks.com

Soutien de l'école à la maison pour les parents, les gardiens et les enseignants

Ce livre aide les enfants à se développer grâce à la pratique de la lecture. Voici quelques exemples de questions pour aider le lecteur ou la lectrice à développer ses capacités de compréhension. Les suggestions de réponses sont indiquées en rouge.

Avant la lecture

- De quoi ce livre parle-t-il?
    - *Ce livre parle du calme.*
    - *Ce livre explique à quoi ressemble le calme ou ce que l'on ressent.*

- Qu'est-ce que je veux apprendre sur ce sujet?
    - *Je veux apprendre ce qui rend les gens calmes.*
    - *Je veux apprendre à quoi ressemble le calme.*

Pendant la lecture

- Je me demande pourquoi...
    - *Je me demande pourquoi je souris quand je suis calme.*
    - *Je me demande pourquoi les bains calment les gens.*

- Qu'est-ce que j'ai appris jusqu'à présent?
    - *J'ai appris que dessiner peut me calmer.*
    - *J'ai appris que les gens s'assoient quand ils sont calmes.*

Après la lecture

- Nomme quelques détails que tu as retenus.
    - *J'ai appris qu'il existe plusieurs façons de se calmer.*
    - *J'ai appris que je peux réfléchir quand je suis calme.*

- Lis le livre à nouveau et cherche les mots de vocabulaire.
    - *Je vois le mot **dessiner** à la page 4 et le mot **musique** à la page 8. Les autres mots de vocabulaire se trouvent à la page 14.*

Qu’est-ce qui
te **calme**?

Dessiner me calme.

Je m'assois quand
je suis calme.

La **musique** me calme.

Je peux penser
quand je suis calme.

Prendre un **bain**
me calme.

Je **souris** quand je suis calme.

Qu'est-ce qui te calme?

Liste de mots

Mots courants

je	quand	suis
peux	qu'est-ce	un

La boîte à mots

bain

calme

dessiner

musique

souris

39 mots

Qu'est-ce qui te **calme**?

Dessiner me calme.

Je m'assois quand je suis calme.

La **musique** me calme.

Je peux penser quand je suis calme.

Prendre un **bain** me calme.

Je **souris** quand je suis calme.

Qu'est-ce qui te calme?

Crabtree Publishing Company

Autrice : Amy Culliford
Conception : Rhea Wallace
Développement de la série : James Earley
Correctrice : Ellen Rodger
Conseils pédagogiques : Marie Lemke M.Ed.
Traduction : Annie Evearts
Coordinatrice à l'impression : Katherine Berti
Références photographiques :
Shutterstock : Juan Pablo Gonzaález : couverture; ZouZou : p. 1; ESB Professional : p. 3, 14; LightField Studio : p. 5, 14; Africa Studio : p. 8, 14; Newman Studio : p. 9, 14; Chz_ mhOng : p. 10, 14; narikan : p. 11, 14; Rusian Shugushev : p. 13

Mes émotions
LE CALME

Crabtree Publishing Company
www.crabtreebooks.com 1-800-387-7650

Copyright © 2022 **CRABTREE PUBLISHING COMPANY**

Tous droits réservés. Aucune partie de cette publication ne doit être reproduite ou transmise sous aucune forme ni par aucun moyen, électronique, mécanique, par photocopie, enregistrement ou autrement, ou archivée dans un système de recherche documentaire, sans l'autorisation écrite de Crabtree Publishing Company. Au Canada : Nous reconnaissons l'appui financier du gouvernement du Canada par l'entremise du Fonds du livre du Canada pour nos activités de publication.

Publié aux États-Unis
Crabtree Publishing
347 Fifth Avenue
Suite 1402-145
New York, NY, 10016

Publié au Canada
Crabtree Publishing
616 Welland Ave.
St. Catharines, Ontario
L2M 5V6

Imprimé au Canada/062021/CPC

Catalogage avant publication de Bibliothèque et Archives Canada
Titre: Le calme / Amy Culliford ; texte français d'Annie Evearts.
Autres titres: Calm. Français.
Noms: Culliford, Amy, 1992- auteur.
Description: Mention de collection: Mes émotions | Les racines de Crabtree | Traduction de : Calm. | Comprend un index.
Identifiants: Canadiana (livre imprimé) 20210273356 | Canadiana (livre numérique) 20210273364 | ISBN 9781039605299 (couverture souple) | ISBN 9781039605350 (HTML) | ISBN 9781039605411 (EPUB) | ISBN 9781039605473 (livre numérique avec narration)
Vedettes-matière: RVM: Calme (Psychologie)—Ouvrages pour la jeunesse. | RVMGF: Documents pour la jeunesse.
Classification: LCC BF575.C35 C8514 2022 | CDD j152.4—dc23